Lb 41
2705

LOUIS SEIZE,

SON TESTAMENT

ET SA MORT.

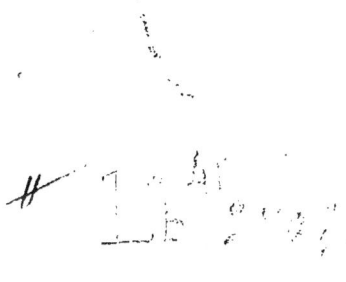

LOUIS SEIZE,

SON TESTAMENT

ET SA MORT.

> « Quand j'envisage de près les infortunes de ce
> « vertueux monarque, mon esprit, rebuté
> « de tant d'indignes traitemens qu'on a
> « faits à la majesté et à la vertu, ne se
> « résoudrait jamais à se jeter parmi tant
> « d'horreurs, si la constance admirable
> « avec laquelle ce prince a soutenu ces
> « calamités, ne surpassait encore les crimes
> « qu'elles ont causées. »
>
> BOSSUET, *Or. fun. de la reine d'Angleterre.*

PAR UNE FEMME.

— Madame Suard.

PARIS,

J. G. DENTU, IMPRIMEUR-LIBRAIRE,

Rue du Pont de Lodi, n° 3, près le Pont-Neuf.

1814.

AVERTISSEMENT

DE L'ÉDITEUR.

Ce petit ouvrage ne peut être regardé comme une composition littéraire; c'est, pour ainsi dire, un cri de douleur et d'indignation, échappé d'une ame éminemment sensible, qui se soulève à la vue d'un crime presque inouï, et que brise le spectacle d'une grande infortune, dont le caractère auguste de la victime, sa parfaite innocence et son angélique résignation, rendent plus douloureuses les tragiques impressions. On voit que l'auteur, en épanchant ses sentimens sur le papier, n'a cherché qu'à se soulager d'un poids qui l'opprimait.

Les notes qui suivent le texte, quoique faites après coup, portent le même caractère.

Ce qui vient du cœur ne s'adresse qu'au cœur : ainsi les pages qu'on va lire ne provoquent ni l'éloge ni la critique. Je crois cependant qu'on y reconnaîtra les traces d'un talent naturel et d'un esprit cultivé.

LOUIS SEIZE,

SON TESTAMENT
ET SA MORT.

Je viens de lire, à travers les larmes qui inondaient mon visage, le testament de notre infortuné monarque; il me semble que jamais les vertus morales, perfectionnées par une religion pure, n'ont fait entendre des accens plus vrais et plus touchans. O Louis! ô le meilleur et le plus juste des hommes! toi qui ne te voyais placé à la tête de la France que pour donner l'exemple d'un plus grand dévouement au bien public, dont l'ame ne repoussa jamais une idée favorable au bonheur de ton peuple, combien ta bonté parfaite, ta douceur envers tes ennemis, le pardon que tu réclames de ceux que tu n'offensas jamais, ta reconnaissance pour le petit nombre d'hommes qui te sont restés fidèles, doivent ouvrir des sources de larmes dans le cœur de ceux qui t'ont méconnu et outragé (1)! Ah! du moins, je n'ai pas eu besoin d'entendre ta voix s'élever du fond de ta tombe pour honorer tes vertus et attester ton amour pour ton peuple, au milieu de ces cris de fureur qui retentissaient dans toutes les parties de la France. Eh! quelle ame juste pouvait ne pas s'indigner d'entendre dénoncer comme un tyran celui qui, seul peut-être, au milieu des désastres de la patrie, aspirait ardemment, et sans aucun retour d'ambition, au rétablissement de l'ordre et de la félicité publique (2)? à celui qui, pendant quatre ans, abreuvé d'outrages, captif et menacé dans sa famille entière, ne laissait pas échapper un mot, ne se permettait pas une action qui montrât le moindre ressentiment. Celui dont la bonté rejeta constamment toutes les mesures qui pouvaient l'arracher avec trop de violence à ses oppresseurs, qui, dans un moment où son trône et sa vie étaient menacés, ne put jamais se résoudre à faire répandre une goutte du sang de ce peuple qui ne lui montrait plus que des mépris, devait-il être exposé à de tels outrages ? Ta bonté, Louis, te faisait espérer le retour de sa justice et de son amour, et c'est au supplice que ce peuple égaré t'a conduit. Vous le pleurez aujourd'hui, malheureux peuple (3). Ah! fallait-il attendre pour le pleurer qu'il ne fût plus en votre pouvoir de réparer une si horrible ingratitude, que jamais, jamais il ne pût être témoin du retour de votre amour ! Pleurez, vous qui l'avez arraché de Versailles avec sa famille, qui ne les avez placés au milieu de vous que pour les abreuver d'humiliations et les environner de terreur ! pleurez, car vous avez mérité d'être malheureux; pleurez sur-tout, pleurez,

*

car il vous pardonne, et prie le ciel de vous pardonner. Aussi, ô religion, c'est vous qui inspiriez à Louis cette touchante miséricorde pour les auteurs de vos calamités ; vous seule avez consolé Louis, quand tous les biens de ce monde l'abandonnait. C'est sous votre main puissante et douce qu'il a puisé cette résignation à des maux que l'imagination frémit d'envisager. Vous seule avez fortifié son ame contre les terreurs, qui montraient les poignards meurtriers toujours levés sur le sein de sa famille adorée. Vous habitiez avec lui ce triste cachot, seul espace de terre qu'on lui eût laissé de ce beau royaume, dont il s'était vu le souverain chéri; vous l'éclairiez de votre divine lumière, et lui faisiez voir sa prison comme un passage obscur à vos immortelles et pures clartés. O religion sainte ! vous êtes la plus sublime des philosophies pour celui qui s'attache à vous dans la simplicité de son cœur! Vous lui donnez un témoin qui l'encourage et un ami qui le console. Philosophes Stoïciens, où trouviez-vous des encouragemens et des espérances, lorsque seuls et sans témoins, vous étiez en proie à l'oppression et aux douleurs? Oh! que j'aime bien mieux ce courage naturel et la résignation calme de Louis, sous la main de ses persécuteurs, que votre grandeur artificielle et gigantesque. O religion sainte! l'ame de Louis est votre plus bel ouvrage, et il semble que vous ayez voulu montrer, dans ce chef opprimé de l'Etat, un exemple éclatant du degré de vertu où vous pouviez élever l'ame humaine, et manifester à la terre votre plus beau triomphe, au moment où nos nouveaux guides s'acharnaient à vous rendre l'objet de ses mépris et de sa risée. C'est aux sentimens religieux de Louis que je dois d'avoir pu supporter ses malheurs. Mon cœur, qui allait habiter avec cet illustre opprimé, ne trouvait de force que dans le sentiment même qui soutenait sa belle ame.

O Louis, ô prince bien aimé de ceux qui ne t'ont jugé que par ta vie, puisse le dieu de bonté te montrer, du haut du ciel, le cœur des Français qui, accablés de tes malheurs, pénétrés de tes vertus, auraient sacrifié leur vie pour sauver la tienne. O jours affreux, jours d'opprobre et de deuil éternel pour ma patrie, jours à jamais exécrables, où une troupe d'hommes féroces, presque tous reconnus ennemis de leur roi, après s'être constamment attachés à l'avilir et à l'outrager, après l'avoir détrôné par la violence et les assassinats, se constituèrent ses juges pour être ses bourreaux. L'Europe entière en tressaillit d'horreur; la France reçut en frémissant, et dans la consternation et la terreur, ces décrets meurtriers, rendus dans le tumulte des passions les plus furieuses et les plus sanguinaires; l'arrêt fatal est prononcé. Les larmes du vertueux Malesherbes sont dédaignées, les réclamations des généreux défenseurs de Louis sont repoussées. On refuse au descendant de tant de rois, petit-fils de Henri IV, ce qu'on doit au dernier citoyen ; c'est dans ce moment que je sentis que l'oppression d'un roi juste et bon était la calamité la plus douloureuse pour l'ame humaine et sensible. La lumière du jour me devint odieuse; renfermée dans l'ombre, il me semblait que j'étais plus séparée des hommes, dans lesquels je ne pouvais plus retrouver mes semblables. J'aurais voulu les fuir au-delà des bornes du monde ; cependant je ne pouvais croire encore que le crime se consommât. Ne trouvant plus à Louis d'assez puissans défenseurs sur la terre, j'en attendais un de celui que j'avais tant imploré pour sa délivrance; il me semblait que ses malheurs, ses vertus, appelaient un secours surnaturel. Je croyais voir, à chaque instant, une manisfestation de la colère divine; l'ardeur de mes vœux réalisant mes espérances, je voyais le feu du ciel tomber sur cet instrument élevé pour son supplice; Dieu armait un ange auprès de lui pour en écarter tous ses ennemis; quelquefois je croyais devenir l'heureux instrument de sa puissance, c'était moi qui le rendais à la vie et au bonheur (4). Oh! soulageantes illusions, vous suspendiez pour un moment mon affreuse douleur. Dieu puissant, pour qui donc réserves-tu tes faveurs et tes vengeances? N'était-ce pas assez d'avoir souffert le meurtre de tes fidèles ministres et des vrais amis de la loi? Fallait-il encore que le glaive assassin tombât sur le père commun de la patrie; et que le peuple Français restât souillé du crime de ceux qui se nommèrent ses représentans? Vous avez laissé triompher le crime, vous avez permis l'oppression du juste, *oh! mon père*, pouvait vous dire Louis, outragé comme autrefois le juste de Nazareth par les bourreaux ; *oh ! mon père, pourquoi m'avez-vous abandonné ?*... Mais non, Louis vous voit du ciel lui tendre vos bras paternels, et les degrés de l'échafaud deviennent pour Louis ceux qui le conduisent au ciel même (*a*). Sa figure a quelque chose de céleste en attestant au peuple son innocence ; déjà son ame n'habite plus la terre, elle s'élève à l'immortalité. Aussi ses dernières paroles sont-elles des paroles de paix et de pardon pour ses assassins. Dieu puissant, rejette la prière de cette ame douce (*b*) et sublime au moment de se

---

(*a*) On se rappelle ce mot de son confesseur, mot sublime qui ne s'oubliera jamais : *Fils de saint Louis, montez au ciel.*

(*b*) Dieu s'en est remis à eux de leur punition; plusieurs ont péri les uns par les autres : ce vœu était prononcé dans le transport de mon désespoir; mais qui pourrait parler aujourd'hui de punition quand le roi pardonne, et que nous savons tous que le repentir obtient le pardon de Dieu même ?

perdre dans l'éternité...... consolez-vous, ames tendres, ouvertes à l'humanité; vous, à qui les maux des autres sont insupportables, parce que vous n'appelez pas tout votre courage à les combattre, comme les vôtres propres, consolez-vous : le ciel était dans le cœur de Louis (5), au moment même où il consommait son sacrifice. Cette tranquillité de la vertu et ses pures délices ne l'ont pas abandonné jusqu'à son dernier soupir. Voyez comme lui-même peint, avec une adorable simplicité, la plus douce récompense de la vertu, lorsqu'en parlant du petit nombre d'hommes qui, dans son triste cachot, lui ont montré une compassion généreuse : « Que ceux-là, dit-il, jouissent dans leur cœur de la tranquillité que doit leur donner leur façon de penser. » Soyez bénis, hommes humains qui avez versé la consolation dans l'ame du juste opprimé ; qui ne lui avez pas laissé croire que l'humanité était disparue de la terre ; soyez à jamais bénis ; vos noms, qui seront connus un jour, vos noms seront couverts des bénédictions de tous les Français. Et nous, consolons-nous de ne plus voir Louis sous l'empire des méchans ; voyons son nom, devenu sacré, traverser les siècles et recueillir de toutes les générations le tribut de larmes que les hommes accordent à un malheur sans exemple, égalé seulement par la vertu qui l'a supporté. Disons-nous, pour adoucir notre douleur profonde, que les sublimes promesses de la religion ont été sans cesse présentes à son ame ; que sa touchante résignation aux décrets du ciel a émoussé l'aiguillon de ses souffrances. Disons-nous que ses malheurs ont fait sa gloire, et que sa mort l'a rendu digne de l'hommage de tous les siècles (6). Terre, qui avez reçu le sang de Louis, vous deviendrez bientôt une terre sacrée ou toute la France ira expier le crime de ses assassins. Un monument retracera l'horreur de cet attentat (*a*). Alors je pourrai vous voir, alors, peut-être, je pourrai vous regarder; car le repentir qui désarme le ciel même, doit enfin adoucir les images hideuses du crime qu'il cherche à expier.

Février, 1793.

(*a*) Quand j'écrivais ceci, le sang des scélérats n'y avait point encore coulé, mêlé à celui de leurs victimes, et ce mélange affreux et sacrilége a profané un lieu qui eût été sacré aux yeux de tous les Français.

NOTES.

(1) Les assassins de Louis voudraient qu'il ne restâ rien de lui qui pût nous laisser un regret et polonger le cours de nos larmes. Ils n'ont pas raint d'accuser ce testament, qui porte le caratère auguste de la religion et de la vertu; ils oit osé dire que c'était le produit d'une ame fanaique ; mais on a toujours pensé, ce me semble, que le caractère du fanatisme était l'intoléance et l'enthousiasme ; et le prince vertueux qu nous pleurons, le prince qui, le premier de no souverains a appelé les protestans au partge de tous les avantages civils, n'était ni entousiaste ni fanatique. C'était un homme essentellement droit et pur, qui, dans quelque relijon qu'il eût été élevé, n'en aurait eu que les ertus, et qui a honoré celle qu'il a professée, en iisant de ses sublimes préceptes la règle de a vie.

(2) A son retour de Varennes, un membre de assemblée nationale blâma le parti qu'il avait ris, et se permit de lui dire : *On sentait déjà,*

sire, le besoin qu'on avait de votre majesté; on allait revenir à vous; votre départ a donné à l'assemblée nationale une force nouvelle. Ah! dit ce généreux prince, *qu'elle s'en serve pour le bonheur du peuple, et je la bénirai à jamais.* Je tiens ces paroles du député même à qui le roi les adressa, et qui était chargé de rester auprès de sa personne. (*Feu M. Godat.*)

Ce fut aussi ce même jour de son retour de Varennes, que le roi n'entendant autour de lui que les cris de *vive la nation!* et jugeant par le silence du peuple, qu'on lui avait fait perdre son affection, il s'écria : *Qu'est devenu le peuple de Cherbourg? Je ne suis pas changé, moi; on l'aurait bien vu si je fusse arrivé à Montmédi.*

(3) J'appelle le peuple la classe industrieuse qui ne s'est point rendue l'écho des factieux, qui vit chez lui de son travail et de son industrie, et qu'il faut séparer de ce qu'on appelle *populace*. La douleur de cette classe s'est manifestée dans toute sa violence, malgré la terreur qui voulait l'enchaîner. Les mêmes scènes qui avaient éclaté à la mort de Charles Ier, se sont répétées à Paris; plusieurs femmes ont perdu la tête de l'excès de leur désespoir. Une femme de ce que j'appelle peuple est morte de douleur le jour

même de la mort de son roi. J'ai vu des domestiques, de la démocratie la plus outrée, pleurer des jours entiers cet affreux attentat. La cuisinière d'un homme de ma connaissance (le chevalier de Florian) lui ayant servi ce jour même une soupe à laquelle il trouva un goût extraordinaire: *Hélas! Monsieur, lui dit-elle, c'est qu'il y est entré plus de larmes que de bouillon.* Ce mot, malgré la trivialité de l'expression, m'a paru digne d'être cité, parce qu'il peint un sentiment aussi naïf que profond. Parmi les femmes d'une classe plus élevée, plusieurs sont tombées dangereusement malades ; d'autres ont été saisies de mouvemens convulsifs qu'on ne pouvait calmer; plusieurs, renfermées dans leur appartement, couvertes de vêtemens de deuil, y pleuraient amèrement et en silence leur vertueux souverain; plusieurs m'ont protesté qu'elles auraient de bon cœur donné leur vie pour sauver celle de Louis. Dans toutes les villes, dans toutes les campagnes de la France, un cri de douleur s'est fait entendre, mêlé aux malédictions contre ses assassins. Non, jamais la nation n'a été, dans aucune époque depuis la révolution, complice des crimes de quelques factieux.

Les dépouilles, les cheveux du roi ont été achetés au poid de l'or; son habit a été coupé en mille morceaux; et ceux qui n'étaient pas assez riches pour en acheter un, en achetaient jusqu'à des fils. Sa cravate a été payée cent louis; elle était teinte de son sang, et brodée par la reine depuis sa détention au temple.

Qu'on nous dise, après cela, qu'un roi n'est qu'un homme!

(4) Je ne lui aurais pas rendu son trône. Non, Français, je ne vous l'eusse pas rendu pour roi après votre horrible ingratitude, s'il m'eût été donné de prononcer sur sa destinée ; j'aurais eu pour ce monarque, dont j'honorais profondément les vertus, la même fierté qui me ferait dédaigner de régner sur un peuple qui m'aurait injustement privé de son amour; j'aurais rendu Louis à la vie privée, dont il se faisait une image charmante. Dans le cours de son procès, il dit une fois à M. de Malsherbes, qui cherchait à le rassurer : *Ces gens-là me tueront; ils ne peuvent me croire assez généreux pour leur pardonner.* Mais quelquefois aussi l'espérance, qui ne meurt jamais au fond du cœur des opprimés, faisait penser au roi qu'on prononcerait sa déportation. Il cherchait sur une carte géographique, avec ses conseils, le lieu qu'il choisirait pour sa résidence, et c'était chez les Suisses bons et libres, que ce monarque eût préféré de se fixer.

On sent combien la couronne devait, depuis la révolution, peser sur la tête de ce prince infortuné. Peu de temps avant que M. de Lessart fût décrété d'accusation, il avait poursuivi le roi une nuit entière pour le conjurer ne pas abdiquer la couronne. *Non*, disait ce malheureux prince, *non, Monsieur, je ne puis la conserver, les circonstances sont au-dessus de mes forces.*

Français! quelques personnes ont pensé que ce monarque n'avait point l'énergie de sa situation; mais les révolutions ont-elles lieu sous les princes qu'on appelle énergiques? et je ne sais si le génie du grand Frédéric eût suffi à combattre un délire aussi général que celui qui avait saisi toute la France, après la défection complète de la force armée. Je suis seulement convaincue que Louis XVI eût parfaitement régné dans un gouvernement établi sur des bases fixes et immuables, parce qu'il avait un sens droit, des lumières, et sur-tout beaucoup de vertus.

(5) Ne fallait-il pas qu'il eût le ciel dans le cœur pour entendre la lecture de son exécrable arrêt avec une si parfaite tranquillité! Un homme qui a eu le malheur d'être présent à cette scène, dont l'idée seule fait frémir, a dit à un de mes amis qu'il ne concevait pas un spectacle plus imposant que la contenance du roi pendant cette

horrible lecture. Ce n'était point du courage, disait-il, c'était de la magnanimité; son visage ne fut pas un instant altéré en entendant la partie du décret qui prononçait l'arrêt de mort; mais à cet endroit: *Pour avoir trahi les intérêts de la nation*, il leva doucement les yeux et les mains vers le ciel avec un air qui exprimait combien ce reproche injuste lui était pénible. Il écrivit ensuite tranquillement ce qu'il désirait de la Convention; on entra pour demander s'il fallait servir? Oui, dit-il, qu'on serve, avec un ton aussi calme que si rien de ce qui venait de se passer ne le regardât. Il dormit deux heures, la veille de son exécution, du sommeil le plus profond, et il fallut l'éveiller, comme il en avait donné l'ordre, pour faire entrer son confesseur.

Ne fallait-il pas avoir le ciel dans le cœur pour ne pas même se rappeler le nom de cet infâme membre de la commune qui, lorsqu'on portait la tête de l'aimable princesse de Lamballe vers le Temple, engageait le roi à venir voir un spectacle, disait-il, *bien curieux*. Un autre plus humain se jeta au-devant du roi, en s'écriant: Ah! n'y allez pas, c'est un spectacle affreux; et quand ses défenseurs lui demandent s'il pourrait nommer ces deux hommes, non, dit le roi avec beaucoup de simplicité, je ne me souviens que du nom de celui qui m'a empêché d'aller à la fenêtre. N'est-ce pas le cas de répéter, d'après un ancien : « Non, jamais l'incorruptible candeur, sœur de la justice et la vérité toute nue, n'offrirent un plus touchant modèle. »

(6) Ceux qui ont conduit le roi au supplice ont encore voulu lui ravir la gloire de cette mort, qui égale tout ce que nous offre l'antiquité par le courage naturel et calme qui la distingue. Comme si l'on pouvait démentir ce grand nombre de spectateurs qui en ont été les malheureux témoins! Hélas! il entrait encore dans la destinée de ce vertueux prince de voir la vérité de cette belle mort, attestée par celui-même qui en avait été l'exécuteur. (Une lettre signée *Samson*, a paru dans un journal deux jours après la mort du roi.) Après être entré dans des détails que je ne veux point rappeler, et qui ne prouvent que la résignation angélique de la grande victime qu'il allait immoler : « Pour rendre jus-
« tice à la vérité, dit-il, il a constamment mon-
« tré un courage et un sang-froid qui nous a tous
« étonnés. Je crois qu'il l'avait puisé dans ses
« principes religieux, dont personne ne parais-
« sait plus pénétré que lui. »

Relevons-nous un moment en retraçant ces lignes du grand Bossuet sur les malheurs de Charles Ier :

« Vous verrez dans une seule vie toutes les
« extrémités des choses humaines : la félicité
« sans bornes, aussi bien que les misères; une
« paisible jouissance d'une des plus noble cou-
« ronne de l'univers; tout ce que peut donner
« de plus glorieux la naissance et la grandeur
« accumulées sur une tête, qui ensuite se trouve
« exposée à tous les outrages de la fortune. La
« bonne cause, d'abord suivie de bons succès,
« et, depuis, des retours soudains, des change-
« mens inouis; la rébellion long-temps retenue,
« à la fin tout-à-fait maîtresse; nul frein à la
« licence; les lois abolies, la majesté violée par
« des attentats jusqu'alors inconnus; l'usurpa-
« tion et la tyrannie sous le nom de liberté. En-
« tendez, ô grands de la terre! Instruisez-vous,
« ô peuples du monde! »

Hélas! je me flattais qu'après un tel attentat
les factieux qui voulaient une république nous
laisseraient respirer un moment sous l'empire
des lois. Mais cet attentat n'était qu'un prélude
au déluge de crimes dont nous avons été les malheureux témoins et les victimes. Nous avons vu
traîner à l'échafaud cette fille chérie de Marie-
Thérèse, que cette *grande reine avait confiée*,
comme l'a dit un éloquent défenseur de Louis,
aux vertus hospitalières des Français; cette
princesse adorée du vertueux Louis, qui a ho-

noré le trône par la bienfaisance la plus éclairée, et l'amitié par une constance qui n'est que le partage des ames les plus distinguées; qui a honoré le malheur par le courage le plus calme et la plus aimable dignité. Nous l'avons bientôt vue suivie par cette sœur chérie de notre vertueux monarque, cette princesse vénérée de tous les Français, qui n'avait que les vertus de son sexe, avec une force d'ame qui, si rarement, est son partage. Nous avons vu ce fils unique........ Mais je n'ai pas le courage d'aller plus loin, de revenir sur des jours si longs et si affreux. Quel horrible résultat des espérances que nous avions conçues au moment de l'appel des états-généraux, de ce concours des mêmes vœux, des mêmes réclamations, de ce concert entre le chef de l'empire qui voulait le bien et un peuple qui réclamait celui qui lui manquait encore, qui se croyait au moment de voir réaliser ces idées généreuses et sages, qu'avait amenées la succession des lumières des siècles écoulés! Mais dès que j'ai vu appeler la populace au conseil des sages; dès que je l'ai vu employer le crime comme un de ses moyens de puissance, j'ai perdu toute espérance pour notre génération. Vous, qui toujours vous rangez du parti des vainqueurs, quelle que soit leur cause, ne croyez pas, ames lâches et corrompues, ne croyez pas être innocentes de tout le sang qui a coulé! Votre voix, qui s'est rendue l'écho des scélérats qui n'avaient d'autorité que par le crime, a fortifié tous les jours leur audace ; c'est par votre soutien que le crime a sans cesse triomphé, et a fait de ma malheureuse patrie un antre où les bêtes féroces faisaient seules entendre leurs affreux rugissemens. Quoi ! vous avez pu croire qu'on allait à la vertu par la route de tous les crimes, à la liberté par l'anarchie et l'esclavage le plus honteux ? Vous avez vu sans horreur ces spectacles hideux d'une populace, organe impur et dégoûtant des hommes les plus monstrueux, proclamer les assassinats et menacer la terre de l'entière proscription de la morale, de la justice et de l'humanité ! Vous avez pu être témoins tranquilles et indifférens de cette foule de vexations, de proscriptions, de massacres effroyables, sous lesquels tombaient tant de vos innocens et vertueux concitoyens ! Vous avez souffert silencieusement ce système constant d'outrages et d'oppressions, sous lesquelles gémissait celui que la patrie avait proclamé le restaurateur de votre liberté ! Allez, vous avez dégradé votre ame et déshonoré votre raison. L'ignorance du peuple le livre infailliblement à toutes les passions qu'on veut lui inspirer ; et dans ces temps de crises politiques, on ne sait si l'on doit plus déplorer la faiblesse de la raison humaine, que gémir sur la perversité de sa nature; mais vous qui vous êtes déclaré ses guides, vous n'avez pas de droits à cette excuse. L'histoire vous avait appris que par-tout où les idées d'égalité avaient été proclamées au peuple, toujours elles y avaient bouleversé les empires. Vos philosophes les plus renommés vous avaient dit que l'égalité sociale n'est que le droit imprescriptible qu'a tout citoyen à la protection des lois. Non, vous ne vouliez point remettre ce peuple en possession de son patrimoine, mais vous arroger une meilleure part de celui des autres. Pour moi, je ne finirai point ce triste tableau de nos malheurs, sans adresser au ciel mes plus vives actions de grâces de m'avoir donné une ame inaccessible aux enfantemens du crime et aux rêveries qui blessent ouvertement le bon sens. Je le remercie de m'avoir préservé de ce délire effrayant qui a saisi une partie de la France. Je le remercie sur-tout d'avoir trouvé dans le compagnon et le guide de ma vie des sentimens conformes à ceux que me faisait sentir la tendre humanité; de l'avoir vu combattre sans relâche les principes corrupteurs et affreux de ceux qui s'étaient déclarés nos apôtres; et ce n'est pas moins un objet de bonheur pour moi, qu'un objet du seul orgueil que je puis éprouver, de l'avoir vu marcher constamment dans la route de cette morale qui ne compose point avec ses passions, mais qui s'efforce de les diriger toujours vers l'ordre et le bonheur de la patrie.

Mai 1814.

Enfin, après vingt-cinq ans d'un malheur sans exemple, fruit des excès moustrueux de la démagogie et du despotisme le plus furieux, qui jamais ait désolé l'espèce humaine, les souverains de l'Europe, secondés par la voix de leurs peuples, se sont réunis pour combattre le seul ennemi de tous les peuples. Par l'usage qu'ils font de la victoire, l'Europe, et sur-tout la France reconnaissante, proclament hautement la gloire si pure et si nouvelle dont ils viennent de se couvrir. Ils ne nous ont pas seulement délivrés d'un monstre destructeur de l'espèce humaine, ils ont répondu à nos vœux et nous ont rendu la race toujours chérie des Bourbons. Hélas! princes et sujets n'avaient connu que le malheur depuis leur exil. Ils ont entendu ces acclamations spontanées d'un peuple entier, ces acclamations qui les ont replacés sur le trône de leurs ancêtres, où depuis si long-temps les rappellaient tous nos vœux. Heureux princes ! Heureuse nation ! votre joie et vos larmes se sont confondues, et votre réunion est une fête que le ciel a voulu donner à la terre !

Au milieu de ces princes, aussi distingués par leur sagesse et leurs lumières que par leur dignité affectueuse et par leur adorable bonté, nous avons revu avec transport cette princesse si chère, dont les malheurs inouis nous ont coûté tant de larmes, et qu'on ne verra jamais sans éprouver le besoin de la rassasier, autant qu'il est en nous, de bonheur et d'amour.

A peine le roi nous est apparu, que sa présence a soulevé le poids de la tyrannie ; l'oppression de l'indignation ne comprime plus nos ames. Nous respirons : un avenir s'ouvre encore devant nous, et nous assure tous les biens que la nature et l'ordre social garantissent aux nations éclairées. Bénis soient les souverains alliés ! Bénie soit la Providence, qui m'a rendu témoin du jour de sa justice, et qui m'annonce le bonheur de ma patrie !

FIN.

www.ingramcontent.com/pod-product-compliance
Lightning Source LLC
Chambersburg PA
CBHW060938050426
42453CB00009B/1081